BEI GRIN MACHT SICH IHR WISSEN BEZAHLT

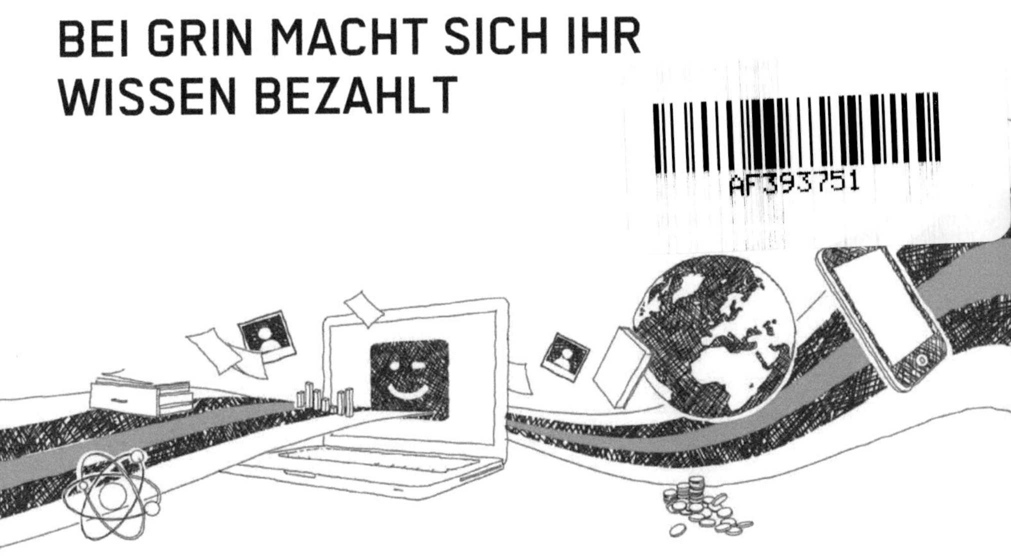

- Wir veröffentlichen Ihre Hausarbeit,
  Bachelor- und Masterarbeit

- Ihr eigenes eBook und Buch -
  weltweit in allen wichtigen Shops

- Verdienen Sie an jedem Verkauf

Jetzt bei www.GRIN.com hochladen
und kostenlos publizieren

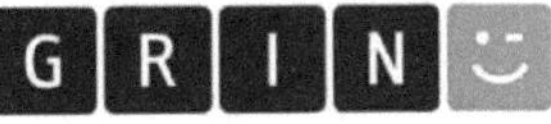

Ernst Probst

Angelika Kauffmann - Die Schweizer Porträtmalerin

GRIN Verlag

Bibliografische Information der Deutschen Nationalbibliothek:

Die Deutsche Bibliothek verzeichnet diese Publikation in der Deutschen National-
bibliografie; detaillierte bibliografische Daten sind im Internet über http://dnb.d-
nb.de/ abrufbar.

Impressum:

Copyright © 2011 GRIN Verlag, Open Publishing GmbH
Druck und Bindung: Books on Demand GmbH, Norderstedt Germany
ISBN: 978-3-640-88014-0

Dieses Buch bei GRIN:

http://www.grin.com/de/e-book/169433/angelika-kauffmann-die-schweizer-por-
traetmalerin

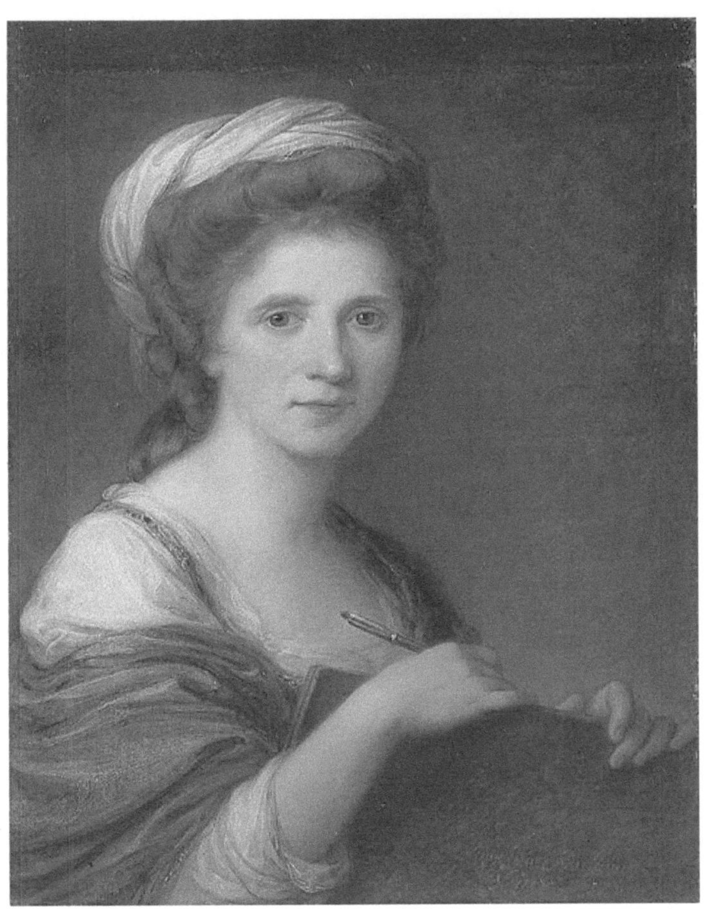

Angelika Kauffmann (1741–1807)
auf einem Selbstbildnis von 1784,
Original in der Neuen Pinakothek, München

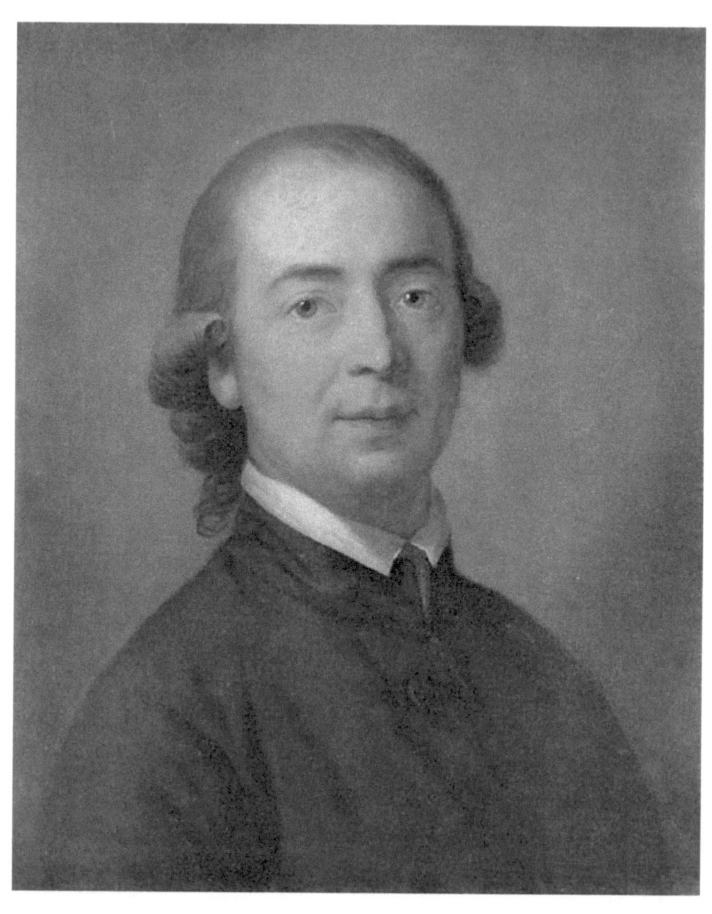

Der Theologe und Dichter
Johann Gottfried Herder (1744–1803) vermutete,
Angelika Kauffmann
sei eine der kultiviertesten Frauen in Europa.

Angelika Kauffmann

Die Schweizer Porträtmalerin

Zu den berühmtesten Porträt- und Historienmalerinnen des 18. Jahrhunderts zählte die aus der Schweiz stammende Künstlerin Angelika Kauffmann (1741–1807). Ihre Porträtkunst wurde von englischen Malern beeinflusst. Bei der Wahl ihrer historischen Motive bevorzugte sie Themen aus der Antike und zeitgenössischen Literatur. Der deutsche Theologe und Dichter Johann Gottfried Herder (1744–1803) lobte sie mit den Worten: „Bei aller demütigen Engelsklarheit und Unschuld ist sie vielleicht die kultivierteste Frau in Europa".

Maria Anna Angelika Catharina Kauffmann kam am 30. Oktober 1741 in Chur im schweizerischen Kanton Graubünden zur Welt. Sie war das einzige Kind des aus Vorarlberg (Österreich) stammenden Porträt- und Freskenmalers Joseph Johann Kauffmann (1707–1782) und seiner zweiten Ehefrau, der Hebamme Cleophea Kauffmann (1717–1757), geborene Lutz. Ihr Vater arbeitete damals am bischöflichen Schloss in Chur. Das Geburtshaus von Angelika in der Reichsgasse 57 von Chur steht heute noch. In der Literatur findet man zuweilen die Schreibweise „Angelica" ihre Vornamens.

Angelika verbrachte den größten Teil ihrer Kindheit am bzw. nahe des Comer Sees in Norditalien. Dorthin hatten Malaufträge ihren Vater geführt. Anfangs hielt sich die Familie Kauffmann in Morbegno auf, 1752 zog sie nach Como und blieb bis 1754. In dieser Stadt am Comer See wurden die Grafen von Salis die größten Auftraggeber des Vaters und

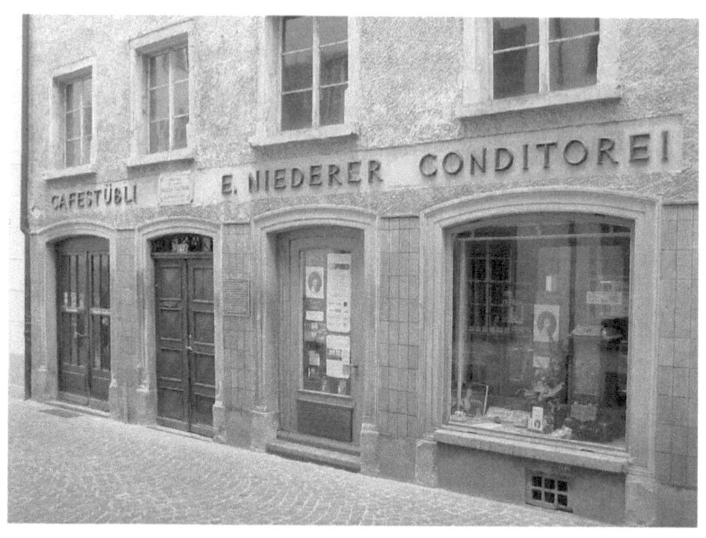

Geburtshaus von Angelika Kauffmann
in der Reichsgasse 57 von Chur

Bild auf Seite 5:
Angelika Kauffmann,
erstes Selbstbildnis von 1753,
dargestellt als Sängerin
mit Notenblatt.
Dieses Bild malte sie,
als sie noch nicht ganz
zwölf Jahre alt war.
Original im Tiroler
Landesmuseum Ferdinandeum,
Innsbruck

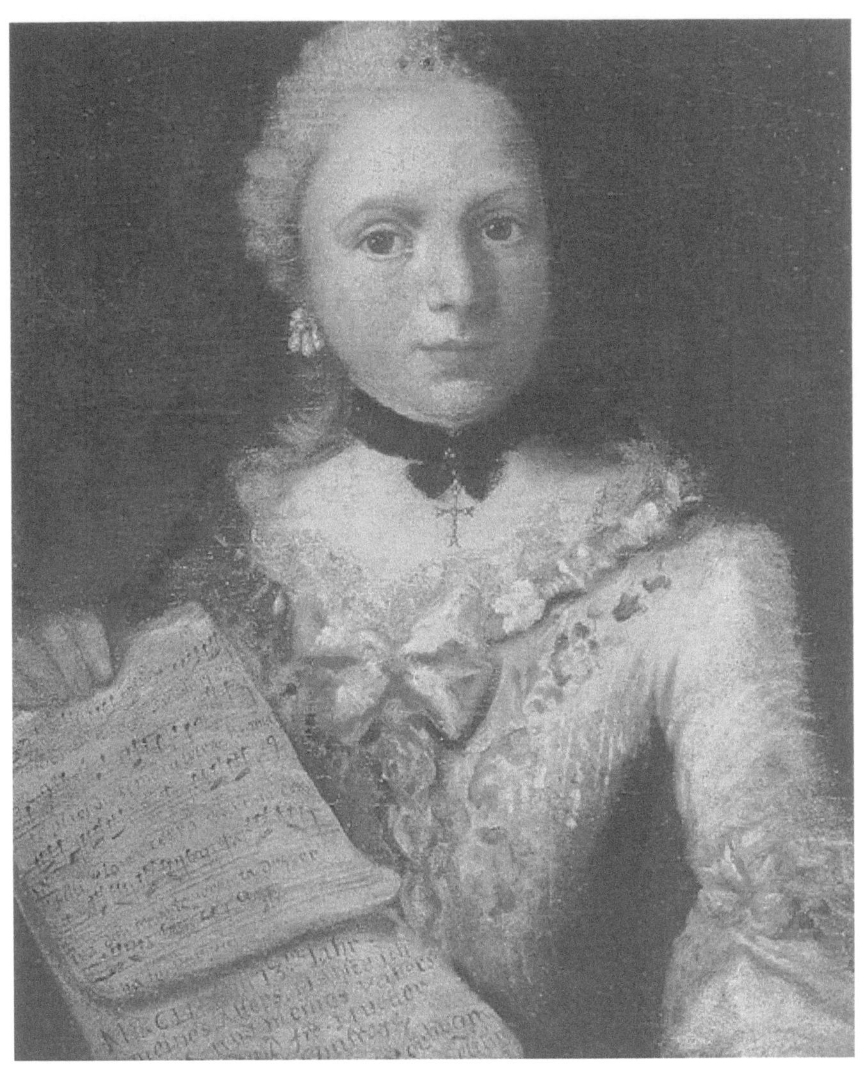

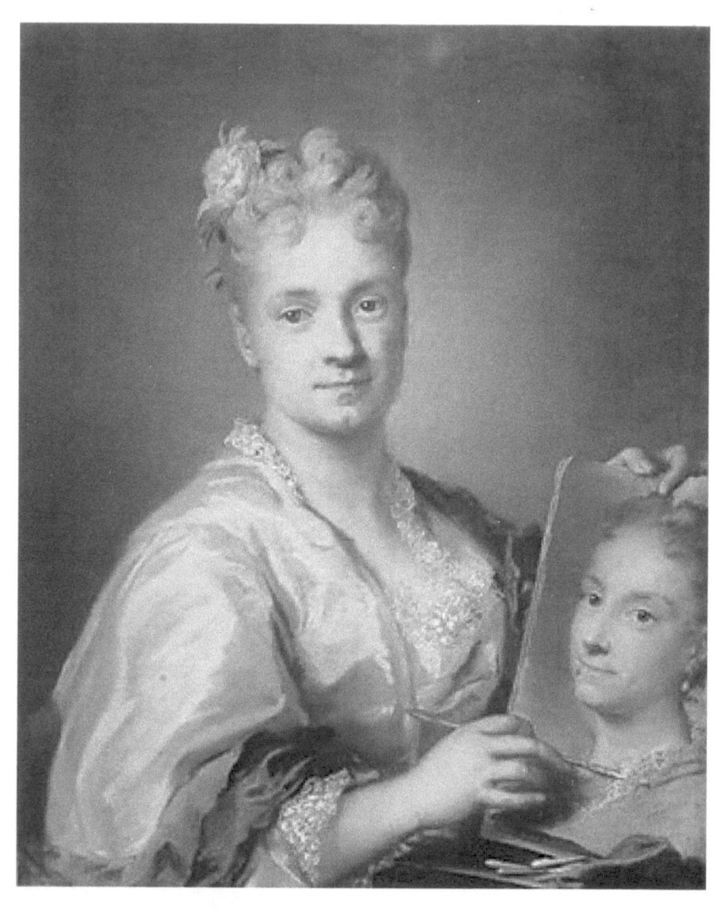

Venezianische Malerin
Rosalba Carriera (1675–1757)

später auch von Angelika. Vom Vater lernte Angelika das Lesen und Schreiben.

Als der Vater sie im Schreiben unterrichtete, bemerkte er, „wann er ihr zur Nachbildung der Buchstaben gewisse Vorschriften in die Hände gabe, nicht ohne Verwunderung, daß sie die Figuren, die etwa zur Zierde darauf angebracht waren, mit mehr Leichtigkeit und Geschmack, als die Schriftzüge selbst abbildete: auch fesselte sie jeder Kupferstich, jede Gypsform, jedes Gemählde ihre Aufmerksamkeit, sie brachte ganze Tage auf dem Arbeits-Zimmer ihres Vaters zu, und nährte ihre Neugierde nach Gegenständen der Kunst mit eben jeder Freude, mit welcher andere Kinder ihre Zeit mit Spiel und Scherz zu vertreiben pflegten." Mit Feder und Reißzeug des Vaters versuchte Angelika, Kupferstiche und Zeichnungen zu kopieren. Ihrem Vater, der nur als mittelmäßiger Maler galt, wurde bald klar, dass dies keine vorübergehende kindische Neigung seiner Tochter war, sondern dass diese ein großes Talent hatte.

Der Vater gab Angelika auch Musikunterricht. Die Mutter lehrte sie Sprachen, zuerst Deutsch und Italienisch, später Englisch und Französisch. Eine regäre Ausbildung gab es damals für Mädchen nicht.

Die kleine Angelika malte 1752 im Alter von nur elf Jahren ein Porträt in Pastell des Bischofs von Como, Monsignore Agostino M. Nevroni (gestorben 1760), das diesem sehr gut gefiel. Ihr künstlerisches Vorbild war die damalige venezianische Malerin Rosalba Carriera (1675–1757). Angelika war noch nicht ganz zwölf Jahre alt, als sie 1753 ihr erstes Selbstbildnis malte.

Von 1754 bis 1757 reiste die Familie Kauffmann durch Italien. In Mailand hielt sie sich auf dem Sitz eines österreichischen Generalgouverneurs, am Hof des Herzogs Francesco III.

d'Este (1698–1780), auf. In Mailand übte sich Angelika im Kopieren alter Meister, malte Porträts von Adeligen in Pastel und nahm Gesangs- und Musikunterricht

Nach dem frühen Tod der Mutter am 1. März 1757 in Mailand zog Angelika mit ihrem Vater ins väterliche Haus nach Schwarzenberg im Bregenzerwald in Vorarlberg (Österreich). In diesem Ort entstanden weitere Jugendwerke von Angelika. Nach einem verheerenden Brand in der Kirche von Schwarzenberg übernahm Joseph Johann Kauffmann die innere Ausgestaltung des wieder aufgebauten Gotteshauses. Angelika malte über den Kreuzwegstationen der Langhauswände zwölf Halbfiguren der Apostel nach Vorlagen von Giovanni Battista Piazzetta (1682–1754) und später auch noch das Bild des Hochaltars. Diese Fresken waren ihre ersten und einzigen Wandmalereien.

Von 1757 bis 1759 unternahmen Vater und Tochter Auftragsreisen nach Meersburg am Bodensee und Tettnang im Hinterland des Bodensees, bei denen Angelika unter anderem den Fürstbischof von Konstanz, Franz Konrad von Rodt (1706–1775), sowie Mitglieder der gräflichen Familie von Montfort porträtierte.

1760 brach Angelika mit ihrem Vater wieder nach Italien auf, wo sie die Kunst der Antike und der Renaissance studieren wollte. Das für diese Reise erforderliche Geld verdienten beide, indem sie in Graubünden und im Veltlin von Einheimischen Porträts malten.

Von 1760 bis 1762 hielten sich Angelika und ihr Vater in Mailand, Modena und Parma auf. Am 9. Juni 1762 trafen sie in Florenz ein. Am 5. Oktober jenes Jahres wählte man Joseph Johann Kauffmann zum Ehrenmitglied der „Academia Clementina di Bologna". Fünf Tage später erhielt Angelika das Diplom der „Academia del Disegno".

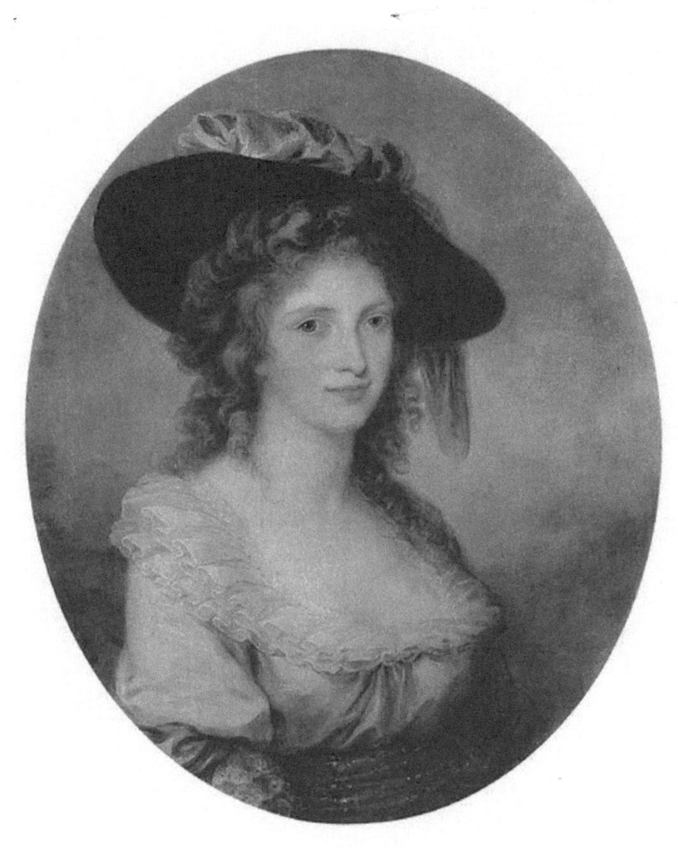

Angelika Kaufmann,
Selbstbildnis zwischen 1780 und 1785,
Original in der Eremitage,
St. Petersburg (Russland)

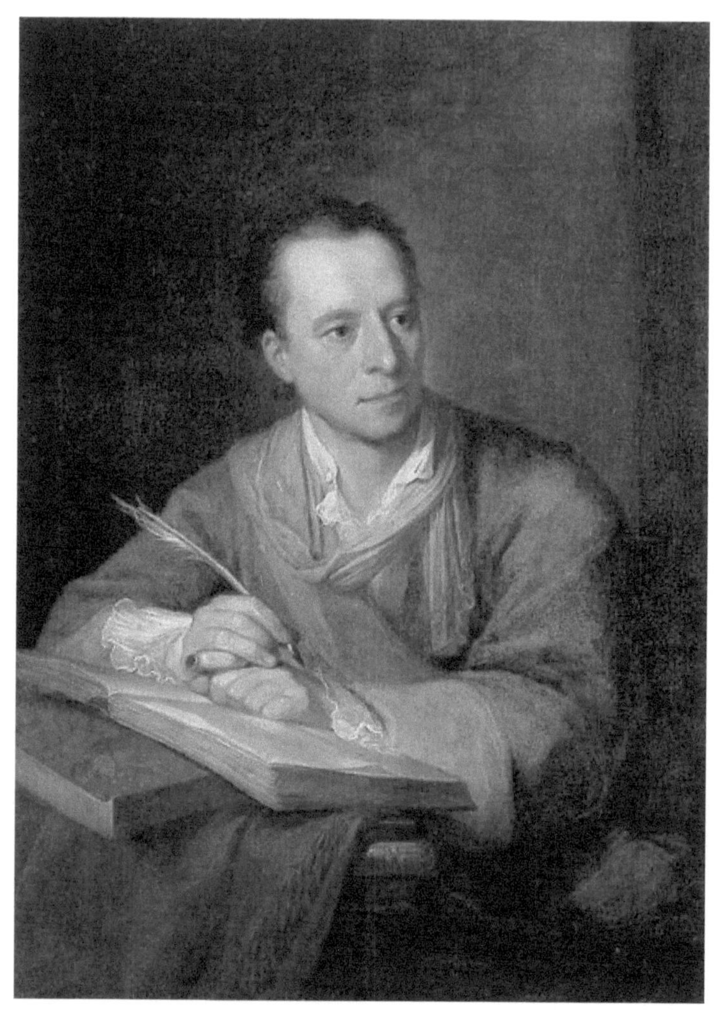

Archäologe und Kunstgelehrter
Johann Joachim Winckelmann (1717–1768)
auf einem Gemälde
von Angelika Kauffmann von 1764

Ab Januar 1763 wohnten Angelika und ihr Vater in Rom. In der italienischen Hauptstadt blieben sie bis 1766. Vom 6. Juli 1763 bis zum 12. April 1764 besuchten Angelika und ihr Vater Neapel und Ischia. In Ischia konnte Angelika im „Palazzo Capodimonte" Kopien anfertigen. Anschließend bedankte sie sich beim minderjährigen König Ferdinand IV. (1751–1825) von Neapel für die Erlaubnis hierzu.

In Rom malte Angelika 1764 den deutschen Archäologen und Kunstgelehrten Johann Joachim Winckelmann (1717–1768), der sie mit der Welt der Antike vertraut machte und in die Gesellschaft einführte. Winckelmann gilt mit seinem Hauptwerk „Geschichte der Kunst des Altertums" (1764) als Begründer der Archäologie.

Erheblichen Einfluss auf Angelika Kaufmanns künstlerische Arbeit übte der in Rom arbeitende deutsche Maler Anton Raffael Mengs (1728–1779) aus. Fortan vereinigten ihre Werke sowohl die klassische Gemessenheit als auch die Leichtigkeit der Rokokomalerei.

In der italienischen Hauptstadt fertigte Angelika vor allem für reiche Engländer Porträts an. Das 1764 von ihre geschaffene Porträt des bekannten englischen Schauspielers David Garrick (1717–1779) gelang ihr so gut, dass es ihr Vater zur Ausstellung der „Society of Arts" schickte. Dank dieses Werkes wurde Angelika auch in England berühmt.

Angelika Kaufmann selbst wurde 1764 von dem englischen Maler Nathaniel Dance (1735–1811), der sich damals in Italien aufhielt, gemalt. Er verliebte sich in die erfolgreiche Malerin, kehrte aber 1765 nach London zurück und wurde in der Folgezeit in England als Porträt- und Historienmaler berühmt. 1783 heiratete er eine wohlhabende Witwe, 1790 wurde er Politiker und 1800 Baron und nahm den Namen Dance-Holland an.

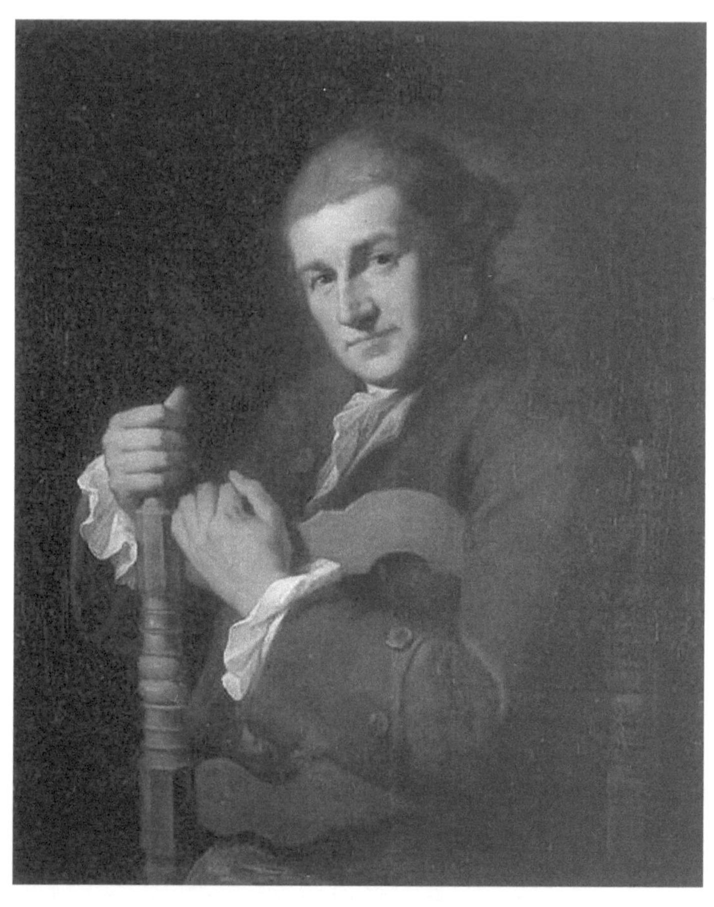

Englischer Schauspieler David Garrick (1717–1779)
auf einem Gemälde von Angelika Kauffmann

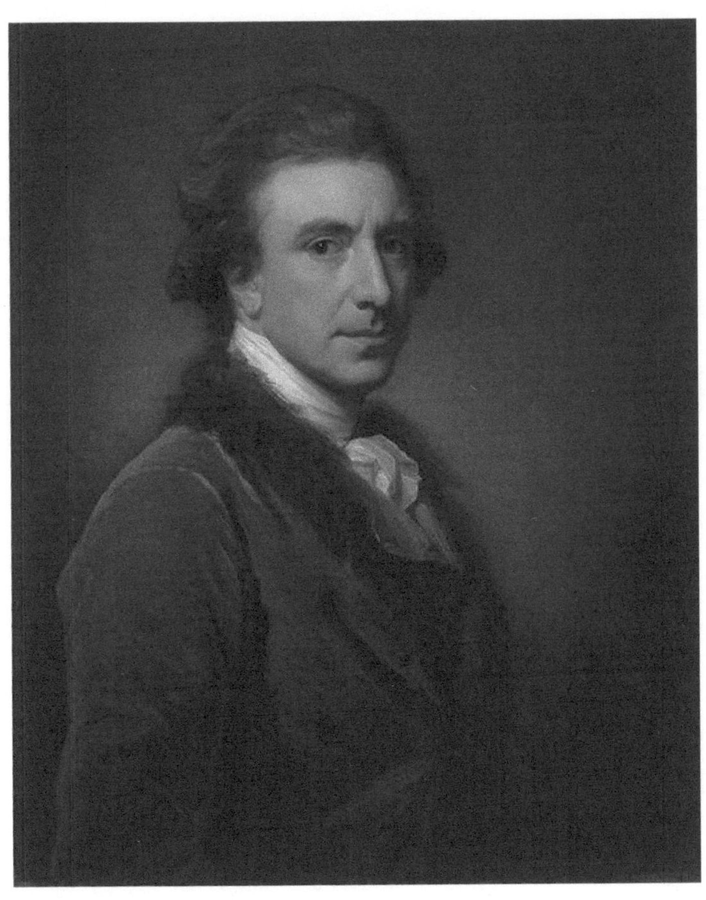

Englischer Maler Nathaniel Dance (1735–1811)
auf einem Gemälde um 1773

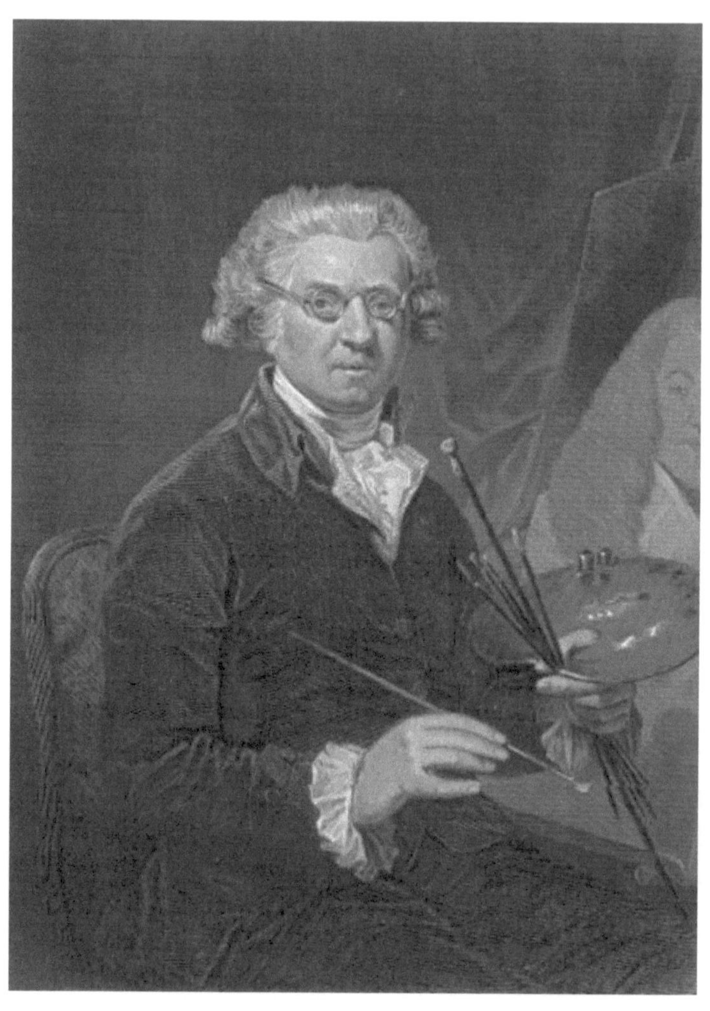

Englischer Maler Joshua Reynolds (1723–1792)
auf einem Selbstporträt

Mit dem Gemälde „Die Hoffnung" erreichte Angelika am 5. Mai 1765 ihre Aufnahme als Mitglied in die „Accademia di San Luca" in Rom. Am 1. Juli 1765 reisten Vater und Tochter über Bologna nach Venedig, um dort große Meister im Original zu studieren.

Der Empfehlung von Lady Wentworth, der Gattin des englischen Gesandten, folgend, reisten Angelika und ihr Vater im Frühjahr 1766 von Italien nach London. Dort trafen sie am 22. Juni 1766 ein und bezogen kurz danach vorübergehend eine Wohnung in der Suffolk Street in Charing Cross.

Als Angelika in London ankam, hoffte angeblich ihr Verehrer Nathaniel Dance auf eine Fortsetzung ihrer Beziehung. Was dann folgte, wird in der Literatur aber sehr unterschiedlich geschildert. Einerseits heißt es, das Verhältnis der Beiden habe Stoff für reichlich viel Klatsch geboten. Andererseits liest man, die kokette Angelika habe herzlos ihre Freundschaft mit Dance gebrochen.

Der Vater von Angelika besuchte am 30. Juni 1766 den berühmten Maler Joshua Reynolds (1723–1792) in dessen Atelier. Am 20. Oktober 1766 schuf die nicht ganz 25 Jahre alte Angelika ein Porträt des 43-jährigen Reynolds. Letzterer war angeblich so sehr von ihr so angetan, dass er ihr einen Heiratsantrag machte, den Angelika jedoch ablehnte. Trotzdem förderte Reynolds weiterhin die Karriere von Angelika in England. In der Literatur heißt es, Angelika hätte vielleicht eine Affäre mit dem merklich älteren Reynolds gehabt. In der britischen Hauptstadt gehörten die Kauffmanns bald den besseren Kreisen an und wurden regelrecht mit Aufträgen überhäuft. Die führenden englischen Porträtmaler Thomas Gainsborough (1727–1788) und der erwähnte Sir Joshua Reynold beeinflussten Angelika bei ihren Einzelporträts und Gruppenbildern.

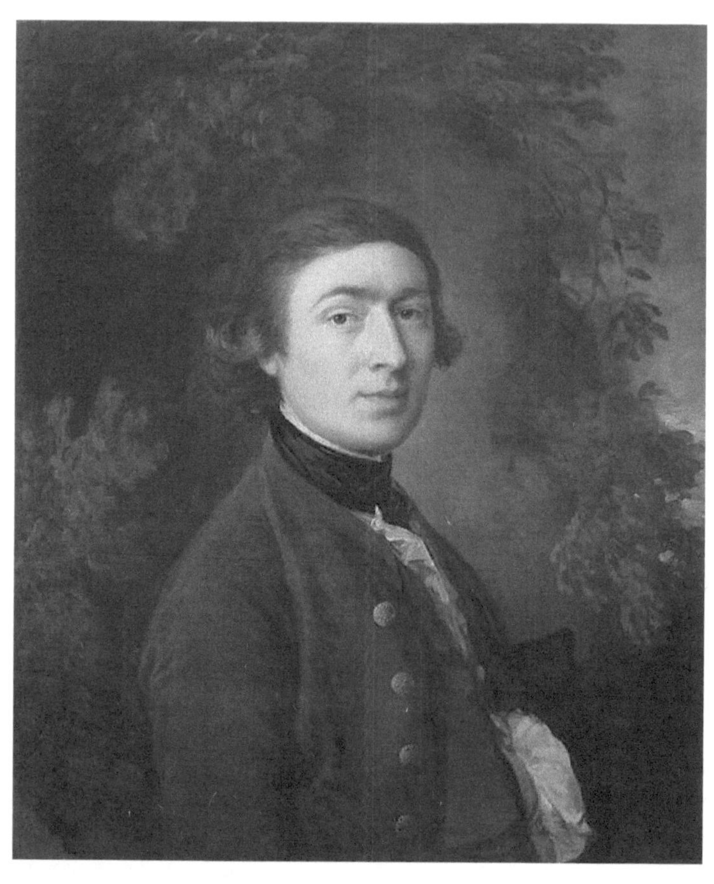

Englischer Porträtmaler
Thomas Gainsborough (1727–1788)

Neben mythologischen und historischen Motiven malte Angelika in England auch Allegorien und Themen aus der zeitgenössischen Literatur. Besonders tat sie sich in der Porträtmalerei hervor, die ihren internationalen Ruf begründete und mehrte. Der schottische Architekt Robert Adam (1728–1792) gab ihr mehrfach Maler-Aufträge zur Ausführung von Wand-, Decken- und Kamindekorationen. Außerdem fertigte sie Radierungen an. Ein Zeitgenosse rühmte die in England so überaus erfolgreiche Angelika: „The whole world ist angelicamad".

In England fiel Angelika auf einen geldgierigen Heiratsschwindler herein. Dieser war attraktiv, geistreich, redegewandt, höflich und gab sich als schwedischer Graf Frederick von Horn aus. In Wirklichkeit war er nur der Kammerdiener eines Grafen mit diesem Namen gewesen, in dessen Rolle geschlüpft und von der feinen Gesellschaft in London aufgenommen worden. Bald fand der gerissene Betrüger den Weg zum Herzen von Angelika. Er bot ihr an, sein Vermögen mit ihr und ihrem Vater, dessen gehorsamer Sohn er werden wolle, zu teilen. Eines Tages log er Angelika vor, er habe sein Heimatland verlassen, weil seine Feinde ihn beschuldigt hätten, an einer Verschwörung gegen den schwedischen König beteiligt gewesen zu sein. Der schwedische Gesandte am britischen Hofe fordere jetzt seine Auslieferung und er müsse sich deswegen von Angelika trennen. Für ihn gäbe es nur eine Rettung, wenn Angelika seine Gattin würde. Dann sei er gewiss, dass die königliche Familie in Schweden, die Angelika liebe und schätze, nicht zulassen würde, dass man deren Gemahl ins Gefängnis schleppe. Entweder würde er schnell ihr Gatte oder er sei auf immer verloren.

Am 22. November 1767 heiratete Angelika in einer katholischen Kapelle heimlich den vermeintlichen Grafen. Unvorsichtigerweise verlangte der Priester, der die kirchliche Trauung vornahm, keine Taufscheine. Kurz darauf erfuhr Angelika von ihrem Ehemann, dass dieser wegen des Ausbleibens erwarteter Gelder von zudringlichen Gläubigern verfolgt und bedroht würde. Damit erschlich sich der Betrüger Geld von Angelika.

Nach drei Wochen erfuhr der Vater von der heimlichen Ehe seiner Tochter und der angeblichen misslichen Lage seines Schwiegersohnes, der in Wirklichkeit nach und nach das Vermögen von Angelika in seinen Besitz bringen wollte. Bald bekamen der Vater, Angelika und deren Freunde erhebliche Zweifel an der Person des angeblichen Grafen und der Verdacht eines Betruges wuchs immer mehr. Dies blieb dem betrügerischen Ehemann nicht verborgen. Er beschuldigte den Vater als Urheber der Verdächtigungen, verbot Angelika den Umfang mit ihm, vertrieb Freunde, kündigte die Wohnung und erklärte, er wolle mit seiner Gattin das ungastliche London verlassen. Doch Angelika antwortete, sie werde nicht aus London weggehen, ehe sie nicht volle Gewissheit über seinen Stand und seine Finanzen habe und sie würde sich niemals von ihrem Vater trennen.

Nach einer Auseinandersetzung mit dem Vater von Angelika nahm der Betrüger Geld, setzte seinen Hut auf, schlug mit dem Stock um sich, eilte zur Türe hinaus und rief: „Ihr werddet schon sehen, wer ich bin." Vier Tage später erschien ein Abgeordneter im Namen des angeblichen Grafen und forderte Angelika auf, sie solle sofort zu ihrem Gatten kommen, sonst dringe dieser auf eine förmliche Ehescheidung und Bezahlung von 500 Pfund Sterling. Angelika wollte nun zwar die Scheidung, aber nicht auch noch für die Lügen und die Bosheit ihres Noch-Ehemannes so teuer bezahlen. Deswegen gingen sie und ihr Vater vor Gericht. Doch das Verfahren zog sich unerträglich langsam dahin. Man forderte Beweise über die Verhältnisse des Grafen, die im Ausland erst mühsam beschafft werden mussten.

Der dreiste Betrüger plante sogar, Angelika zu entführen. Er wollte ihr einen Hinterhalt legen, Pferde und Wagen bereit halten und eine Barke mieten. Doch sein heimtückisches Vorhaben wurde vorzeitig bekannt. Die gerichtliche Anzeige der vorgesehenen Entführung bewirkte einen richterlichen Beschluss, dass der Heiratsschwindler entweder eingekerkert werden oder eine Bürgschaft für seine Person und seinen Charakter leisten solle.

In der Zwischenzeit trafen aus dem Ausland glaubwürdige Briefe über den Betrüger ein. Daraus erfuhr man verschiedene falsche Namen, die der Schwindler in anderen Städten benutzt hatte sowie unter mancherlei Titeln gesponnene Ränke. Am 10. Februar 1768 erklärte ein Gericht der anglikanischen Staatskirche die Ehe von Angelika Kauffmann für ungültig. Um endlich wieder ihre Ruhe zu haben, zahlte sie die zuletzt von ihrem Gatten geforderten 300 Pfund Sterling.

1768 genoss Angelika Kauffmann in England bereits künstlerisch ein so hohes Ansehen, dass König Georg III. (1738–1820) sie und die englische Malerin Mary Moser (1744– 1819) zu den einzigen weiblichen Gründungsmitgliedern der „Royal Academy of Arts" ernannte. Die restlichen 20 Gründungsmitglieder der Akademie waren Männer, einer davon war der erwähnte Maler Nathaniel Dance. In der Folgezeit stellte Angelika ihre Werke immer wieder in dieser Akademie aus. Als die „Royal Academie" nach Somerset umzog, durfte Angelika dort vier ovale allegorische Deckengemälde gestalten. Vor 1781 entstand ein Selbstbildnis von ihr, das im Goethemuseum in Frankfurt am Main aufbewahrt wird.

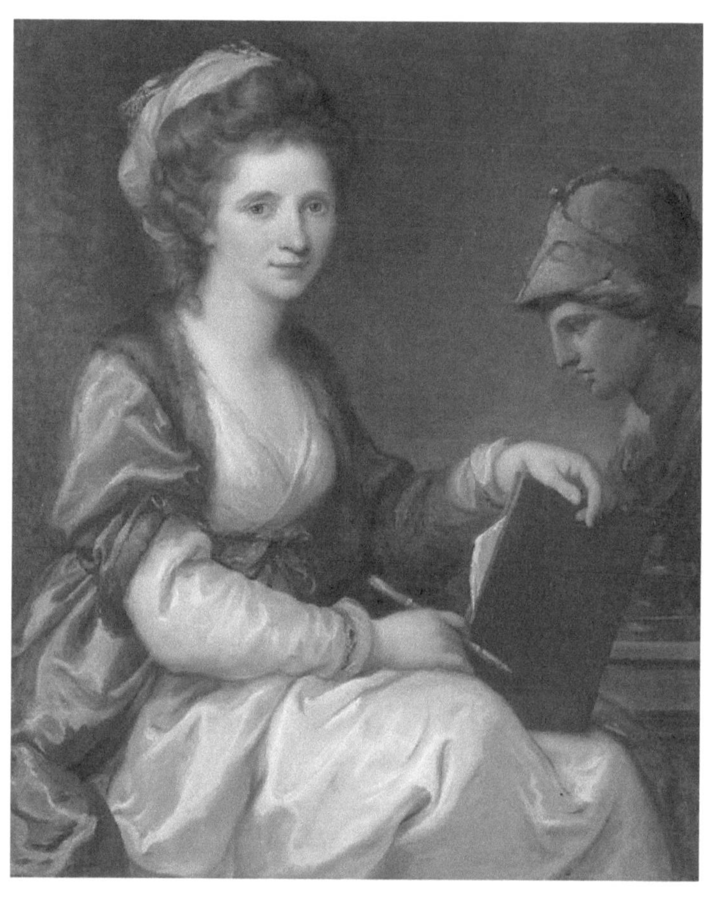

*1780 schuf Angelika Kauffmann ihr Selbstbildnis
mit Büste der Minerva, Original im Bündner Kunstmuseum, Chur*

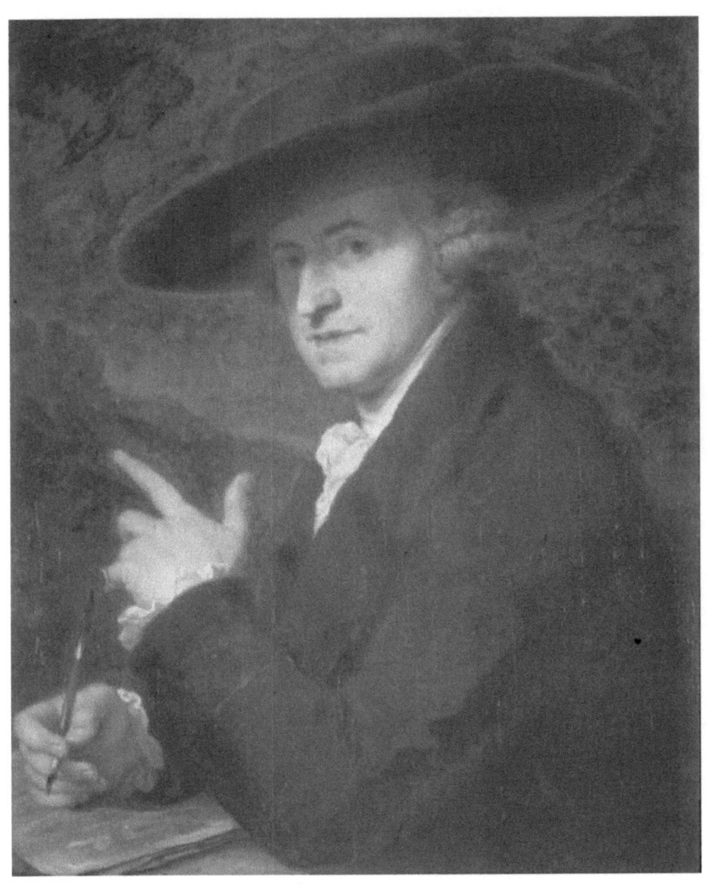

*Italienischer Maler Antonio Zucchi (1728–1795)
auf einem Gemälde seiner Ehefrau Angelika Kauffmann von 1782*

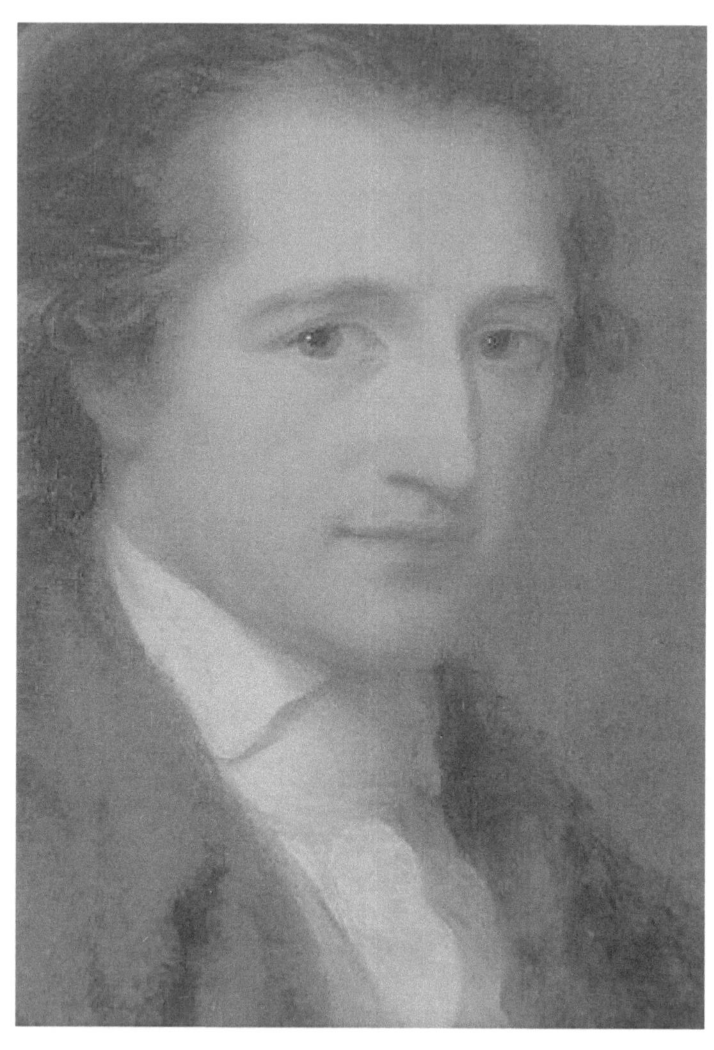

Dichter Johann Wolfgang von Goethe (1749–1832)
auf einem Gemälde von Angelika Kauffmann von 1887

Auf Wunsch ihres Vaters ehelichte Angelika im Juli 1781 in London den 13 Jahre älteren italienischen Maler Antonio Zucchi (1728–1795), der fortan ihr „Manager" war. Wenige Tage nach der Trauung verließen das Paar und Joseph Johann Kauffmann bereits England, wo die Kauffmanns 15 Jahre lang gelebt hattem. Sie reisten von London über Flandern, Schwarzenberg, Verona und Padua zur Familie des Bräutigams nach Venedig, wo sie im Oktober eintrafen. Im Januar 1782 starb der Vater von Angelika an den Folgen einer Erkältungskrankheit.

Im November 1782 zog das Ehepaar Zucchi nach Rom und kaufte dort das ehemalige Haus des erwähnten Malers Anton Raffael Mengs bei „Santa Trinità di Monti" auf dem Pincio in Rom. Das Haus der Zucchis in der Via Sistinia 72 entwickelte sich bald zu einem beliebten Treffpunkt für Fürsten, Künstler und Gelehrte. Zu ihren Gästen gehörten unter anderem der erwähnte Archäologe und Kunstgelehrte Johann Joachim Winckelmann, der Theologe und Dichter Johann Gottfried von Herder, der Dichter Johann Wolfgang von Goethe (1749–1832) sowie nach Rom reisende Aristokraten wie Kaiser Joseph II. (1741–1790), der bayerische Kronprinz Ludwig und spätere König Ludwig III. (1845–1921) und Anna Amalia von Sachsen-Weimar-Eisenach (1739–1807). Eng befreundet war Angelika mit dem Kunstagenten Johann Friedrich Reiffenstein (1719–1793).

Im November 1786 begegnete der 37-jährige Goethe erstmals der 45 Jahre alten Angelika Kauffmann in ihrem luxuriös eingerichteten Stadthaus in Rom. Deren Ehemann war damals 58 Jahre alt. Goethe und Angelika besuchten zusammen Ausstellungen und Galerien und betrachteten erotische Darstellungen, die von Liebe, Treue und Verrat erzählten. Angelika malte von Goethe ein Porträt, das diesem jedoch nicht gefiel. Er kritisierte: „Es ist immer ein hübscher Bursche, aber keine Spur von mir". Goethe sah sich lieber so, wie Johann Heinrich Wilhelm Tischbein (1751–1829) ihn 1787 in der Campagna gemalt hatte.

Nach der Abreise von Goethe aus Rom schrieb ihm Angelika, sein Abschied habe ihr Herz und ihre Seele durchdrungen, der Tag seiner Abreise sei einer der traurigsten ihres Lebens gewesen. Goethe lobte sie: „Sie hat ein unglaubliches und als Weib wirklich ungeheures Talent". Durch Goethe lernte die Nachwelt Angelika „als lieb und gut" kennen. Er kannte aber auch die Schattenseite ihres Lebens: „Sie ist nicht glücklich wie sie es zu sein verdiente, bei dem wirklich großen Talent und bei dem Vermögen, das sich täglich mehrt. Sie ist müde, auf den Kauf zu malen, und doch findet ihr alter Gatte es gar zu schön, daß so schweres Geld für oft leichte Arbeit einkommt". In einer bei „FemBio" im Internet veröffentlichten Biographie heißt es, Angelika sei mehrfache Millionärin gewesen.

In der „Liechtensteinischen Staatlichen Kunstsammlung Vaduz" ist das 1783 von Angelika Kauffmann angefertigte Porträt von König Ferdinand IV. von Neapel, seiner Ehefrau, Königin Marie, und ihrer sechs Kinder vor dem Hintergrund einer Parklandschaft zu bewundern. Weil das siebte Kind, für das schon ein Platz auf dem Bild vorgesehen war, tot zur Welt kam, übermalte die Künstlerin die für das Neugeborene leergelassene Wiege mit einer Decke.

1792 malte Angelika ihr wohl wichtigstes Selbstporträt, das „Selbstbildnis am Scheideweg zwischen Musik und Malerei". Dieses Werk ist heute im Moskauer Puschkin-Museum zu bewundern.

Von ihrem Ehemann Antonio Zucchi wurde Angelika Kauffmann tatkräftig unterstützt. Nach seinem Tod 1795 lebte sie zurückgezogen und verließ die italienische Hauptstadt nur noch kurzfristig. Beim Malen wählte sie nun immer häufiger religiöse Themen.

Am 5. November 1807 starb Angelika Kauffmann im Alter von 66 Jahren in Rom. Sie hatte sich von einer schweren Erkältung nicht mehr erholen können. Ihr Trauerzug wurde von dem Bildhauer Antonio Canova (1757–1822) prunkvoll gestaltet. Daran beteiligten sich die bedeutendsten Persönlichkeiten von Rom. Wie ihren Ehemann Zucchi hat man auch sie in der Kirche „Sant'Andrea delle Fratte" in Rom zur letzten Ruhe gebettet.

1814 erschien in Bregenz das Buch „Leben der berühmten Malerin Angelika Kauffmann. Aus dem Italischen übersetzt von Alois Weinhardt, öffentlichem Lehrer der französischen und italienischen Sprache an der königl. bayer. Studienanstalt in Lindau". Dieses interessante Werk ist bei „Google Bücher" unter der Adresse http://books.google.de im Internet kostenlos lesbar.

Im Gegensatz zu manch anderer Künstlerin hat man Angelika Kauffmann bis heute nicht vergessen. An sie erinnerten etliche Bücher, Ausstellungen und sogar ein Geldschein. In Österreich zierte zeitweise ein Porträt von Angelika eine 100-Schilling-Banknote.

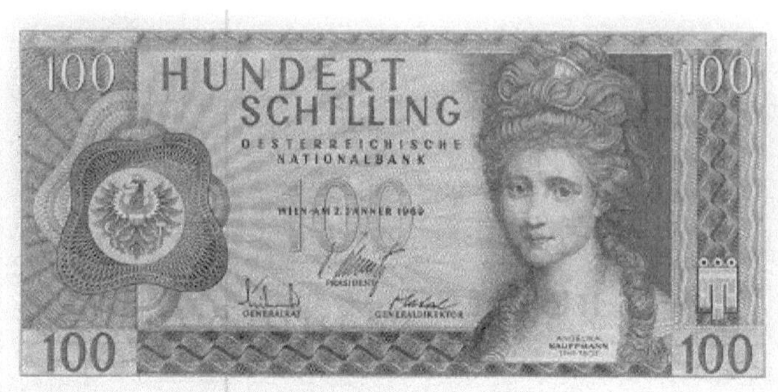

100-Schilling-Banknote
mit Porträt von Angelika Kauffmann

Literatur

BAUMGÄRTEL, Bettina: Angelika Kauffmann (1141–1807). Bedingungen weiblicher Kreativität in der Malerei des 18. Jahrhunderts. Weinheim, Basel 1990

BAUMGÄRTEL, Bettina: „... und hat als Weib unglaubliches Talent". Angelika Kauffmann (1741–1807), Marie Ellenrieder (1791–1863). Austellungskatalog, Konstanz 1992

BAUMGÄRTEL, Bettina (Herausgeberin): Angelika Kauffmann [Retrospektive] Eine Dichterin mit dem Pinsel, Ausstellungskatalog, Ostfildern 1998

FEMBIO http://www.fembio.org

FRANK, Wolfram / STALDER, Thomas: Angelica Kauffmann, zarte Seele. Ein Essay über Angelika Kauffmann, Chur 1999

GREER, Germaine: Das unterdrückte Talent. Die Rolle der Frauen in der bildenden Kunst, Berlin 1980

HÄUSLE, Magdalena, KUMPF, Kirsten / MAIERHOFER, Waltraud: Angelika Kauffmann – In Liebe ans Vaterland. Ausstellungskatalog, Hohenems 2008

JÄGER, Hans-Wolf: Kauffmann, Angelica. Aus: Neue Deutsche Biographie (NDB), Band 11, S. 340–342, Berlin 1977

KAUFFMANN, Angelika: Briefe einer Malerin. Ausgewählt, kommentiert und mit einem Nachwort versehen von Waltraud Maierhofer, Mainz 1999

MAIERHOFER, Waltraud: Angelika Kauffmann, Reinbek 1977

NATTER, Tobias G. (Herausgeber): Angelika Kauffmann.
Ein Weib von ungeheuem Taloent, Ostfildern 2007
NAUMANN, Ursula: Geträumtes Glück. Angelika
Kauffmann und Goethe, Frankfurt am Main 2007
OBERMEIER, Siegfried: Die Muse von Rom. Angelica
Kauffmann und ihre Zeit, Frankfurt am Main 1987
OBERMEIER, Siegfried: „Ein Weib mit ungeheurem
Talent". Angelika Kauffmann, München 1998
PROBST, Ernst: Superfrauen 8 – Malerei und Fotografie,
Mainz-Kostheim 2001
REBMANN, Jutta: Angelika Kauffmann. Gefeierte Malerin
in Europa des 18. Jahrhunderts, Mühlacker 1994
ROSENTHAL, Angela: Angelika Kauffmann.
Bildnismalerei im 18. Jahrhundert, Berlin 1996
SCHAD, Martha: Die berühmtesten Frauen der
Weltgeschichte. Von der Antike bis zum 17. Jahrhundert,
Augsburg 2007
SMIDT-DÖRRENBERG, Irmgard: Angelika Kauffmann,
Goethes Freundin in Rom. Ein Lebensbild nach ihren
Briefen und nach Berichten ihrer Zeitgenossen, Wien
1968
WEINHART, Alois (Übersetzer): Leben der berühmten
Malerin Angelika Kauffmann. Aus dem Italischen in das
Deutsche übersetzt von Alois Weinhart, öffentlichem
Lehrer der französischen und italienischen Sprache an der
königl. bayer. Studienanstalt in Lindau, Bregenz 1824
WIKIPEDIA (Online-Lexikon) http://wikipedia.org

Bildquellen

Klaus Benz, Fotograf, Mainz-Laubenheim: 30
Reproduktion eines Gemäldes von Anton Graff (1736–
1813) von 1785: 2
Reproduktion eines Selbstbildnisses von Rosalba Carriera
(1675–1757): 6
Reproduktion eines Selbstbildnissess von Joshua Reynolds
(1723–1792): 14
Reproduktionen von Gemälden: 13, 16
Reproduktionen von Gemälden von Angelika Kauffmann
(1741–1807): 10, 12, 21
Reproduktionen von Selbstbildnissen von Angelika
Kauffmann (1741–1807): 1,5, 9
WIKIPEDIA (Online-Lexikon) http://wikipedia.org
User Roman Hellmann: 26
User Josef Lehmkuhl (Foto eines Gemäldes von Angelika
Kauffmann im Goethemuseum Weimar): 22
User Adrian Michael: 4

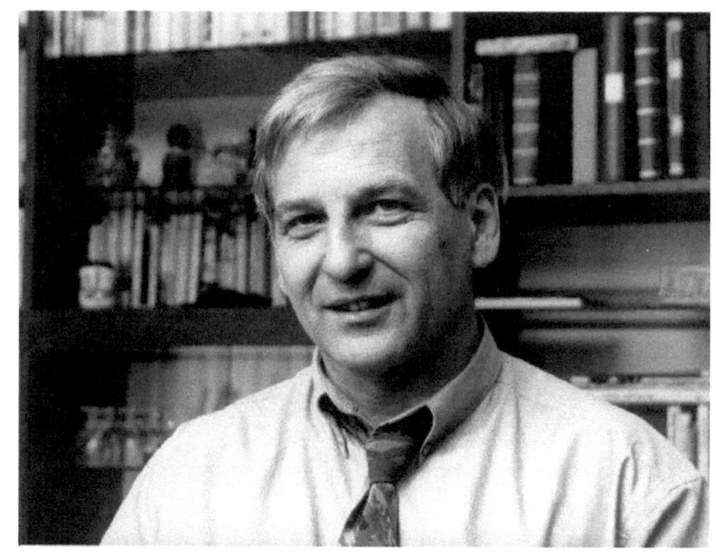

Autor Ernst Probst

Der Autor

Ernst Probst, geboren am 20. Januar 1946 in Neunburg vorm Wald im bayerischen Regierungsbezirk Oberpfalz, ist Journalist und Wissenschaftsautor. Er arbeitete von 1968 bis 1971 als Redakteur bei den „Nürnberger Nachrichten", von 1971 bis 1973 in der Zentralredaktion des „Ring Nordbayerischer Tageszeitungen" in Bayreuth und von 1973 bis 2001 bei der „Allgemeinen Zeitung", Mainz. In seiner Freizeit schrieb er Artikel für die „Frankfurter Allgemeine Zeitung", „Süddeutsche Zeitung", „Die Welt", „Frankfurter Rundschau", „Neue Zürcher Zeitung", „Tages-Anzeiger", Zürich, „Salzburger Nachrichten", „Die Zeit", „Rheinischer Merkur", „Deutsches Allgemeines Sonntagsblatt", „bild der wissenschaft", „kosmos", „Deutsche Presse-Agentur" (dpa), „Associated Press" (AP) und den „Deutschen Forschungsdienst" (df). Aus seiner Feder stammen die Bücher „Deutschland in der Urzeit" (1986), „Deutschland in der Steinzeit" (1991), „Rekorde der Urzeit" (1992), „Dinosaurier in Deutschland" (1993 zusammen mit Raymund Windolf) und „Deutschland in der Bronzezeit" (1996). Von 2001 bis 2006 betätigte sich Ernst Probst als Buchverleger sowie zeitweise als internationaler Fossilienhändler und Antiquitätenhändler. Insgesamt veröffentlichte er mehr als 100 Bücher, Taschenbücher, Broschüren, Museumsführer und E-Books.

Bücher von Ernst Probst

Superfrauen 1 – Geschichte
Superfrauen 2 – Religion
Superfrauen 3 – Politik
Superfrauen 4 – Wirtschaft und Verkehr
Superfrauen 5 – Wissenschaft
Superfrauen 6 – Medizin
Superfrauen 7 – Film und Theater
Superfrauen 8 – Literatur
Superfrauen 9 – Malerei und Fotografie
Superfrauen 10 – Musik und Tanz
Superfrauen 11 – Feminismus und Familie
Superfrauen 12 – Sport
Superfrauen 13 – Mode und Kosmetik
Superfrauen 14 – Medien und Astrologie

Superfrauen aus dem Wilden Westen

Königinnen der Lüfte von A bis Z
Königinnen der Lüfte in Deutschland
Königinnen der Lüfte in Frankreich

Monstern auf der Spur. Wie die Sagen über Drachen,
Riesen und Einhörner entstanden
Affenmenschen. Von Bigfoot bis zum Yeti
Seeungeheuer. Von Nessie
bis zum Zuiyo-maru-Monster

Der Schwarze Peter. Ein Räuber im Hunsrück
und Odenwald
Julchen Blasius. Die Räuberbraut
des Schinderhannes
Johann Jakob Kaup. Der große Naturforscher
aus Darmstadt

Der Ball ist ein Sauhund. Weisheiten und Torheiten
über Fußball (zusammen mit Doris Probst)
Worte sind wie Waffen. Weisheiten und Torheiten
über die Medien (zusammen mit Doris Probst)
Schweigen ist nicht immer Gold. Zitate von A bis Z

Bestellungen bei www.grin.com